L'ABBAYE

DE

SAINT-GERMAIN-DES-PRÉS

AU XIVᵉ SIÈCLE

PAR

DOM DU BOURG

PARIS

1900

In the interest of creating a more extensive selection of rare historical book reprints, we have chosen to reproduce this title even though it may possibly have occasional imperfections such as missing and blurred pages, missing text, poor pictures, markings, dark backgrounds and other reproduction issues beyond our control. Because this work is culturally important, we have made it available as a part of our commitment to protecting, preserving and promoting the world's literature. Thank you for your understanding.

L'ABBAYE

DE

SAINT-GERMAIN-DES-PRÉS

AU XIVe SIÈCLE.

Moins important que le Polyptyque de l'abbé Irminon, qui, quoique incomplet, nous donne de si précieux renseignements sur les possessions de Saint-Germain-des-Prés au début du IXe siècle et sur l'organisation sociale de cette période, le dénombrement de 1384 semble, par son caractère officiel, par les détails qu'il contient sur les coutumes, soit féodales soit monastiques, du XIVe siècle, par les indications caractéristiques qu'il fournit sur la situation du pays après la première période de la guerre contre les Anglais, mériter d'être tiré de l'oubli.

L'abbé qui présenta au roi ou aux officiers royaux le dénombrement ou déclaration des biens constituant le temporel de son église de Saint-Germain-des-Prés fut Richard de Laître, qui gouverna l'abbaye de 1361 à 1387. Nous ne pouvons préciser à quelle occasion fut fait ce dénombrement, qui n'a pas la forme ordinaire des actes du même genre présentés par les abbés au moment de leur entrée en charge[1]. D'après la rédaction, nous serions tentés d'y voir un moyen employé par l'abbé pour appuyer une requête en décharge partielle ou totale de quelque subside. Il a soin, en effet, de noter, et c'est ce qui fait l'intérêt principal de ce document, les ruines produites par la guerre dans

---

[1]. Ce document, conservé aux Archives nationales (L 760, n° 29), n'est pas la pièce originale elle-même; ce n'en est qu'un brouillon préparatoire, portant un grand nombre de ratures et de surcharges et laissant parfois en blanc certaines indications non encore recueillies.

les diverses dépendances, la diminution énorme des revenus de chacune de ces dernières et les charges qu'elles avaient eu à supporter dans cette période. Nous allons, dans l'étude de ce document, en extraire les indications qui nous sembleront dignes d'être recueillies, soit au point de vue de l'histoire générale du pays, soit à celui des institutions monastiques, ou bien encore celles qui peuvent renseigner sur la situation agricole ou les systèmes monétaires de l'époque.

§ 1. *Désastres de la guerre.*

Elle avait été bien dure au pays, quoiqu'elle n'ait été que le prélude de désastres encore plus considérables, cette première période de la guerre contre les Anglais, où l'effort général des armées des deux nations se continuait et se transformait en luttes locales et où les bandes ennemies, cantonnées dans leurs donjons respectifs, faisaient leurs courses dévastatrices dans les régions voisines et ne laissaient après elles que des champs ravagés et des ruines fumantes. Le règne réparateur de Charles V et les premières années de celui de Charles VI n'avaient pas suffi pour faire disparaître les traces de ces désastres qui s'étaient accumulés sans laisser au pays le temps de panser ses blessures. Le dénombrement de 1384 nous donne le tableau pris sur le vif de cette situation lamentable et l'énumération de tous ces villages *ars*, de toutes ces maisons *fondues* nous permet de reconstituer par la pensée la physionomie lugubre du pays à cette date.

L'abbé Richard n'a garde d'oublier la mention « que nostre « eglise est à present fortifiée du commandement et contrainte du « Roy nostre sire. » La construction des murailles de l'abbaye qui, tout en protégeant cette dernière, avait pour but d'empêcher les ennemis de s'en faire un poste avancé dans le cas d'un siège de la capitale, fut ordonnée par le roi Charles V en 1368 et avait constitué une lourde charge pour le trésor abbatial.

Il nous montre ensuite la ville d'*Avrainville*, « où soûloit resi- « der un prevost et un religieux, son compaignon, qui là vivoient « honnestement, arse et gastée par les fortunes de la guerre et nostre « maison aussi. » A la *Celle-S.-Cloud*, la maison de la prévôté « est « destruite par les ennemis, » et les neuf arpents de vigne sont restés en friche depuis plus de trente ans. Le prix de ferme de la seigneurie du *Breuil* est « de douze vingts (240) francs alors qu'il

« estoit, auparavant les guerres, de quatre cents livres. » La ville et le territoire du *Chesnay*, dont les dîmes et champarts se montaient jadis à quatorze muids de grain et n'en rapportent plus que huit, ont été détruits par les ennemis. Les vignes de *Villeneuve-Saint-Georges*, qui produisaient anciennement cent queues de vin, n'en produisent que vingt, « parce qu'elles sont en friche. » Même situation à *Valenton*, « où les vignes sont demourées « en friche pour les guerres, » et où, de leur hôtel appelé *les Bruyères*, dépendaient cent arpents de terre « qui sont en « espines; » aussi le prix de ferme de la prévôté de Valenton est de deux cents livres parisis au lieu de quatre cents livres parisis « que l'on en soloit rendre avant les guerres du royaume de « France. » A *Antony* et à *Verrière*, le prix de la ferme a baissé de deux cents livres parisis à deux cents livres tournois; les dîmes s'étaient réduites de trente-cinq à vingt muids de grains et de six vingts (120) à vingt queues de vin par année, « lesdites « villes estant arses et detruites par les ennemis. » Dans la ville de *Marolles*, l'abbaye possédait « un hostel, lequel fut destruit « par les guerres, » une grande grange, « qui fut arse par les « ennemis, » environ neuf vingts (180) arpents de terre en friche; les cens et rentes ont baissé de quarante à dix livres; enfin, « le « prieur qui soloit demeurer sur le lieu et deux religieux avec lui « pour faire le service du prioré demeurent à present à l'eglise « (monastère de Saint-Germain-des-Prés), pour ce qu'ils n'au- « roient pas de quoy vivre sur le lieu. » A *Esmans*, le prix de la ferme a baissé de deux cents à cent livres tournois et le rendement des dîmes et champarts de soixante à douze muids de grain. La ville de *Bagneaux*, où les religieux avaient « une noble pre- « vosté, une bonne maison et un bon molin, » fut entièrement « destruite et arse par les ennemis du royaume de France, par « quoy les heritaiges sont demeurés en friche et les habitans sont « alés demourer alieurs pource qu'ils n'avoient pas de quoy vivre « ne eulx remettre sus. Le prevost demeure audit lieu, liqueulx « n'averoit de quoy vivre, se ce n'estoit la grâce que nous li fai- « sons. » En résumé, « cette prevosté couste à l'abbaye bien qua- « rante livres chascun an plus qu'elle ne vault. »

Le prieuré de *Brétigny-le-Noir*, près de Meung-sur-Euze, en Berry, avait été « tout destruit par les guerres, les terres en « friches de lonc temps, les rentes non paiées. » Les religieux, découragés, avaient retiré le prieur et se contentaient de percevoir les maigres revenus des fermes qui avaient survécu au naufrage; à la requête ou par l'ordre de monseigneur le duc de Berry, en la juridiction duquel était situé Brétigny, et « liqueulx « li a promis à faire des biens grant quantité, » le prieuré fut rétabli et un prieur fut envoyé, à qui l'abbaye fournissait dix livres de pension annuelle, « pour aidier à recouvrer les posses-« sions et revenus dudit prioré. »

A *Bailly*, nous relevons la mention d'une grange « arse. » A *Dammartin*, la dîme produit seize queues de vin au lieu des soixante de la période précédente et quarante muids de grain au lieu de cent; le prévôt ne paie à l'abbaye que cent livres de fermage au lieu de deux cents. La maison du prieur, dans le village voisin de *Montchauvet*, est « bien ruineuse. »

« En dehors de la ville de *Dreues* (Dreux) a un prioré où il « n'y a que le moustier et gist le prieur dedans, pour ce que sa « maison fu arse par les ennemis. » Par suite de la dévastation du pays, « n'averoit le prieur de quoy vivre se il ne le gaignoit à « chanter messes. »

Le pitancier de l'abbaye possède en l'archevêché de Rouen la maison de *Longuesse* « en grant ruyne; » la ferme des dîmes de ce territoire avait baissé à vingt-quatre livres de cent livres « qu'elle soloit valoir avant les guerres. »

A *Bouafle*, la maison des religieux est toute « chevée, » leurs vignes sont en friche; le prix de fermage a baissé de trente-deux livres à douze livres.

A *Saint-Léger-en-Arthies*, la maison « du prioré, seant emprès « les bois, est toute destruite par les guerres; » le prix de fermage est réduit de douze muids de grain à quatre et demi. Pour le prieuré des *Halles*, situé près de la ville des *Fours-en-Vexin*, nous trouvons la mention suivante : « Pour ce que les maisons « sont toutes fondues et destruites, fault que le prieur loue mai-« son à Fours-en-Vequesin ou ès villes voisines pour sa demou-« rance. »

Cet ensemble des misères locales pour toutes les dépendances de l'abbaye situées soit dans les environs immédiats de Paris, soit dans le Berry, les archevêchés de Sens et de Rouen permettent de se faire une idée de la situation générale du pays dans cette période de son histoire.

§ 2. *Indications monastiques. Situation, organisation et offices
de Saint-Germain-des-Prés au XIV° siècle.*

En dehors de ces indications qui intéressent l'histoire générale, en nous donnant un aperçu de la situation du pays au sortir de la première période de la guerre contre les Anglais, le dénombrement de 1384 nous fait connaître l'organisation de l'abbaye, la nomenclature de ses principaux officiers avec leurs revenus et leurs charges. Le mouvement décentralisateur qui s'était manifesté au IX° siècle par la séparation de la mense conventuelle et de la mense abbatiale s'était accentué dans la suite par la création d'offices claustraux avec leurs revenus distincts, leurs charges et leurs responsabilités. Cette transformation, motivée par l'extension du domaine monastique, par la multiplication des rouages dans la vie des puissantes et riches abbayes du moyen âge avec le nombre considérable de leurs moines, leurs églises majestueuses, les frais du culte, de l'infirmerie, de l'aumônerie, etc., était funeste au point de vue religieux et absolument contraire à l'idée de la famille monastique, telle que l'avait conçue et organisée dans sa règle notre bienheureux patriarche saint Benoît. Aussi bien au XIV° siècle, l'ordre monastique était-il en pleine décadence et les abus surgissaient de tous côtés, conséquences des richesses et de l'étendue des patrimoines de la plupart des monastères. Les offices claustraux s'étaient transformés, à l'exemple de l'abbatiat lui-même, en autant de bénéfices, exploités par la cupidité au détriment de l'intérêt général et des vertus monastiques. D'un commun accord, les abbés et les chapitres avaient réduit le nombre des religieux du monastère, afin de grever le moins possible les menses abbatiale et conventuelle et de rendre plus confortables et plus abondants l'alimentation et l'entretien des religieux. En 1384, l'abbaye de Saint-Germain, qui avait jadis abrité plusieurs centaines de moines, n'en comptait plus que quarante-quatre, et ce nombre allait continuer à décroître jusqu'au moment où les réformes de Chezal-Benoît et de Saint-Maur vinrent donner un renouveau de vie religieuse à ce monastère dont les magnificences architecturales semblaient rester les témoins muets d'un passé à jamais disparu. Notre document ne parle pas des officiers claustraux dont les charges étaient du domaine purement spirituel ou intellectuel, tels que les prieurs, les doyens, le bibliothécaire, etc., il donne simplement la liste des officiers qui avaient à pourvoir à l'entretien matériel de la communauté ou qui étaient chargés de l'administration de ses domaines et nous fait connaître les revenus et les obligations de leurs offices. Toute cette catégorie de religieux vivait, à cause des missions qui leur étaient confiées, souvent en dehors du monastère, et menait par suite une vie très peu monastique; des décrets des chapitres généraux les obligeaient à rentrer à l'abbaye en certaines circonstances de l'année. Le chambrier avait à cette époque *son hostel* dans l'enclos du monastère et aussi *son hostel* à Nogent-l'Artaud, où il faisait sa plus ordinaire résidence.

1º Le *cellerier* possédait au terroir de la ville de Saint-Germain deux arpents de vigne et quarante sols. Il avait à son profit les revenus « de la rivière de Seine avec tous les produits de sa « justice et toute sa pescherie depuis le Grand et le Petit-Pont de « Paris jusqu'au poncel de Sèvres, soit environ sept vingts (140) « livres par an. » Sur cette somme, il devait fournir tous les jours « certaine pitance au couvent. »

2º Le *cénier* percevait vingt-quatre livres de rente au moyen desquelles il avait à pourvoir la communauté « des fruits à men- « gier, » c'est-à-dire des *soupers* (*cœna*) monastiques.

3º Le *chevecier*. Quoique dans d'autres monastères le chevecier eût le soin exclusif du chevet de l'église, nous pensons qu'ici cette fonction se confondait avec celle de *sacristain*. Il recevait tous les ans une rente de vingt sols, pris sur une maison située dans la ville de Saint-Germain, plus « les offrandes et oblacions « que Dieu li envoie. »

4º L'*infirmier* avait une maison à Sceaux avec des terres, vignes, rentes affermées au prix de vingt-quatre livres; il possédait de plus, dans l'évêché de Senlis, des cens et rentes d'une valeur de trente-deux livres.

5º L'*aumônier* a dans la ville de Saint-Germain quarante arpents de terre et trois arpents de pré à Antony, le tout rapportant annuellement dix livres parisis, plus vingt livres de cens et rentes, plus le domaine de Jouy-en-Josas affermé au prix de vingt-quatre livres et celui de Villejuif affermé douze livres. Sur ces revenus, l'aumônier « doit deux paires de nates au moustier, les « courbeilles où l'on met l'aumône, les esmouchoirs au couvent, « quatre livres au pitancier, et le remenant doit estre distribué « pour Dieu aus pouvres. »

AU XIV° SIÈCLE. 9

6° Le *trésorier* possédait à Châtillon un hôtel et un domaine avec droits seigneuriaux rapportant annuellement vingt-huit livres et douze muids de vin; à Fontenay, quatorze arpents de vignes, rapportant environ huit livres par an, cent sols de menus cens; à Montéclin, un domaine considérable affermé dix muids de grain à la mesure de Châteaufort; cinquante sols de rentes à Meudon, autant à Suresnes, autant à Ivry, près de Corbeil. Sur ces revenus, le trésorier doit fournir « tout le luminaire de l'eglise
« de Saint-Germain, qui peust bien monter chascun an à huit
« cents livres de cire; six sommes (charges) d'huile pour le mous-
« tier; deux aulnes de toile chascun an pour aubes et rochés;
« environ huit livres d'encens; item, il doit soustenir encensiers
« et calices; les cordes aux sains et les verrières et les deux tours
« et recouvrir ledit moustier; il doit avoir les dîmes, qui montent
« sept livres dix solz par an, et les oblacions faites en ladite
« eglise, qui passent un quarton de cire[1]. »

7° Le *chambrier* possède à Saint-Germain-lès-Couilly un hôtel

---

1. Nous trouvons dans les ordonnances du chapitre général tenu en l'année 1410, le lendemain de la fête de saint Vincent, les indications suivantes sur les charges du trésorier et le luminaire de l'église de Saint-Germain :

« Ledit jour, furent ordonnées et appoinctées les choses qui s'ensuyvent,
« lesquelles, en tant que touche le tresorier de l'eglise, seront tenues et
« gardées jusques à iiij ans cy-après ensuyvant finis et accompliz tant
« seulement.

« C'est assavoir que en la descharge dudit tresorier fut ordonné de deux
« cierges qui devoient ardoir jour et nuit continuellement au sacraire de
« l'eglise, devant *corpus Domini*, qu'il n'y en aura que l'un doresnavant
« jusques à la fin desdits iiij ans. Item, des v aultres cierges qui devoient
« ardoir au *Prosne* tant aux *festes en aulbes* (fêtes où les moines étaient en
« aubes) comme aux *dirigez* (jours où la messe était dite pour quelques
« fondation), appoincté fut qu'il n'y en aura que trois, jusques audit temps.
« Item, d'un aultre cierge qui devoit ardoir en la chapelle Nostre-Dame,
« la veille et le jour des *festes à grans chappes* (fêtes où les moines étaient
« revêtus de chapes), fut ordonné qu'il n'y en aura point, excepté les veilles
« et les jours des v festes de Nostre-Dame et les samedys aussy. Item,
« d'un aultre cierge, qui doit ardoir aux *dirigez* solempnes, sur les tumbes
« des abbés et d'autres, ordonné fut qu'il n'y en aura point jusques au
« temps dessusdit passé et accomply. Item, fut ordonné que les lampes de
« la *Carolle*, qui doivent ardoir jour et nuit aux vielles et jours de grans
« fêtes solempnes, ne seront point allumées de jour à quelque feste que ce
« soit, excepté la lampe de devant la chappelle Nostre-Dame, en ladite
« Carolle, laquelle sera allumée comme elle estoit auparavant ces presentes
« ordonnances. » (Arch. nat., L 753.)

et un domaine considérable avec droits seigneuriaux, le tout affermé pour trente-deux muids de grain ; des cens et rentes pour vingt-quatre livres ; cinq arpents de vigne, la dîme du vin, produisant environ cinq queues de vin ; les mortemains et formariages, tant dudit Saint-Germain-lès-Couilly que de Nogent-l'Artaud, pouvant valoir trente-deux livres par an. A Romainvilliers, un domaine de douze vingts (240) arpents affermé soixante livres ; à Pringy, près de Melun, un domaine affermé vingt livres ; à Nogent-l'Artaud, une demeure seigneuriale, cent sols de rente sur le four de la ville, les dîmes et champarts valant huit muids de grain, les dîmes de vin valant six queues de vin, la Grange-aux-Moines, huit vingts (160) arpents de terre, garenne, le tout loué six vingts (120) livres, quatre cents arpents de bois ou de bruyères. Sur tout cela, il doit « le vestiaire au couvent, c'est-
« à-dire à quarante-quatre religieux, froc et coule, tant que il en
« poent user ; item, à chasque religieux une pièce d'estamine con-
« tenant six aulnes ; item, à chascun deux paires de housiaux par
« an et une (paire) botes feutrées ; item, faire rappeler les hou-
« siaux ; item, à chaque religieux trois quartiers de blanchet et
« tous les deux ans à chascun trois aunes de brunette ; item, pots
« d'estain et escuelles, nappes et essuoirs au refroitoir ; à la
« chambre du grand prieur, en la chambre du sous-prieur et à
« l'enfermerie, tant comme il leur en faut ; item, de l'huyle pour
« six lampes ardoir de nuys ès dortouers et ailleurs. »

8° Le *Pitancier*. Cet officier fournissait les dîners de la communauté aux jours ordinaires (ce qui se nommait le *général*)[1] et aux *anniversaires* (fondations particulières). Il possédait, en l'archevêché de Rouen, la maison de Longuesse avec son domaine, affermé avant les guerres cent livres parisis, et depuis vingt-quatre livres. Ses revenus se composaient des contributions versées par les autres officiers claustraux ou certains prieurs. Ainsi, il recevait de l'aumônier quatre livres ; la ville de Saint-Germain donnait en cens et rentes pour anniversaires cinquante livres ; le domaine de Chesnaye lui fournissait cent huit livres pour le *général* et quinze livres pour anniversaires. A Avrainville, quinze arpents de vigne étaient réservés au convent, que le pitancier faisait travailler par ses serviteurs et dont le vin était destiné aux repas

---

1. On appelait *général* les mets du repas monastique qui étaient distribués à chacun dans des écuelles, œufs, légumes, poissons.

monastiques; de plus, les dîmes de ce territoire fournissaient dans le même but quarante muids de grain. De même à Samoreau, le pitancier faisait exploiter à sa main quatorze arpents de vigne. Le prieur de Marolles fournissait pour les anniversaires le montant de sa dîme, soit soixante-quatre sols et sept livres, celui de Bagneaux dix livres parisis, celui de Bailly vingt sols et celui de Nogent-l'Artaud seize sols.

De plus, le convent possédait à Valenton un domaine composé d'une maison, de cinq arpents de prés, de cinquante-six arpents de terre et en percevait le prix de fermage, qui était de quarante livres. Le prévôt de Bagneaux fournissait en outre aux religieux « pour « leurs necessités huit vingts (160) aulnes de toiles; item, douze « *pennes noires* pour fourrer leurs chaperons. » Les *dismans* de la ville de Saint-Germain-des-Prés devaient « fuêtres pour l'eglise. »

A mesure que les monastères augmentaient leurs possessions et ajoutaient à leurs privilèges et à leurs exemptions, cet accroissement de prospérité matérielle excitait contre eux bien des envies et des convoitises, et les moines avaient sans cesse à défendre leurs droits ou leurs prétentions contre des compétitions qui se manifestaient quelquefois par la violence, ordinairement par des procès interminables devant les diverses juridictions civiles ou ecclésiastiques. De là s'imposa à eux la nécessité de s'assurer le concours d'hommes de loi pour cette partie importante de la vie du monastère; dans ce but, ils instituèrent un ou plusieurs conseils composés d'avocats et de procureurs, dont les gages étaient payés par l'abbé et certains des officiers de l'abbaye; à Saint-Germain, il existait deux conseils, un pour la juridiction ecclésiastique et un autre pour la juridiction civile. Voici, en effet, ce que nous relevons dans les délibérations du chapitre général de Saint-Germain-des-Prés de l'année 1391 : « Item, furent retenus pour « le conseil de l'eglise en court d'eglise, c'est assavoir maistre « Guillaume de la Marche, advocat, et Estienne La Caille, procu- « reur, à c sols parisis de gaiges chascun, dont monseigneur « (l'abbé) paiera iiij livres parisis et les procureurs et prevosts du « dehors et les autres officiers de l'eglise paieront le résidu[1]. » Nous voyons dans le dénombrement de 1384 que la taille de cent livres prélevée par les religieux sur les villes d'Antony et de Verrière était affectée au paiement du conseil.

---

1. Arch. nat., L 753, n° 13.

Les dépendances extérieures de l'abbaye étaient administrées par des religieux qui étaient tenus de résider hors du monastère, où ils ne rentraient qu'en certaines circonstances de l'année[1]. Ces dépendances étaient de deux sortes : les prévôtés qui étaient administrées par des religieux, mais qui constituaient des bénéfices purement temporels, c'étaient Suresnes, Thiais, Villeneuve-Saint-Georges, Antony, Saint-Germain-sous-Montereau, Esmans, Bagneaux, Dammartin. Les moines prévôts n'exerçaient aucune juridiction spirituelle, c'étaient de simples fermiers exploitant les domaines de l'abbaye, acquittant les diverses charges dont leurs prévôtés étaient grevées; cette situation garantissait le bénéfice de l'inconvénient de pouvoir être donné en commande par la cour pontificale en vertu de son droit de dévolution; les prévôts étaient également exempts des décimes pontificaux et des redevances dues à l'autorité épiscopale; en second lieu venaient les prieurés, qui étaient de véritables bénéfices ecclésiastiques, avec les privilèges et les charges résultant de cette situation; les moines, tout en administrant le temporel du prieuré, en avaient la juridiction spirituelle, qu'ils exerçaient généralement au moyen de vicaires perpétuels, se réservant de venir présider les offices de la paroisse aux jours des fêtes solennelles. La plupart de ces prieurés avaient été dans le principe de petites communautés composées de plusieurs moines, qui pouvaient ainsi, malgré leur éloignement de l'abbaye, observer la vie conventuelle. Au xive siècle, ces petites communautés s'étaient singulièrement réduites.

A Avrainville, le prévôt avait avec lui « un religieux, son « compaignon, qui là vivoient honestement, gardoient la justice « et faisoient le service divin. » A Marolles, le prieur résidait avec deux religieux pour le service du prieuré; mais, par suite de la destruction « de leur hostel par les guerres, » ils durent rentrer au monastère de Saint-Germain. Le prieur de Bailly devait « avoir un compaignon religieux avec lui. » Il en était de même pour celui de Saint-Léger-en-Arthies. A Brétigny, en Berry, à Septeuil, à Montchauvet, à Saint-Martin de Dreux, aux Halles,

---

1. Nous voyons, dans les ordonnances du chapitre général de 1411, « qu'il fut fait commandement par monseigneur l'abbé aux prevosts de « Thiès, de Villeneuve-Saint-Georges, d'Anthoigny, de Suresnes, que « doresnavant ils vingnent cyaus aux quatre festes annuelles, à Pasques, à « la Penthecoste, à la mi-aoust, et à la Noël. » (Arch. nat., L 753.)

les prieurs étaient seuls. Notons la situation du prieuré de Naintré, en Poitou, qui avait été donné en commande « à un reli« gieux lymosin d'estrange abbaye; » ce prieur, qui ne devait à l'abbaye de Saint-Germain « que son obedience, » était tenu de fournir « le vivre et les necessités » d'un religieux de cette dernière envoyé pour être « son compaignon. »

En dehors des prévôtés et des prieurés, il y avait un certain nombre de dépendances de Saint-Germain qui étaient baillées en ferme à des particuliers ou exploitées directement par les serviteurs de l'abbaye. Enfin, la dernière partie du dénombrement contient la liste des fiefs relevant de l'abbaye avec l'indication de leurs redevances. Quand le fief était situé à une grande distance de l'abbaye, les droits finissaient par s'atténuer et disparaître complètement; les religieux en perdaient eux-mêmes la connaissance; c'est ce que nous pouvons constater pour le fief de Jonsac, qui avait été jadis une importante dépendance de Saint-Germain, en Saintonge, et que le rédacteur du dénombrement appelle *Joasat*, qu'il place en *Gascongne*, et dont il dit « qu'une dame le « tient, dont nous ne savons ni le nom ni la valeur. »

§ 3. *Indications sociales. Coutumes féodales. Usages religieux.*

Le document que nous étudions nous donne sur les coutumes de ce temps certaines indications qu'il nous paraît intéressant de recueillir. Le xiv° siècle est une période de transition entre une société qui disparaît et une autre qui lui succède, entre le moyen âge et les temps modernes. On y voit, à côté de certaines situations ou certains usages, qui restent comme les derniers témoins du passé, la transformation ou la disparition de la plupart des coutumes.

A cette époque, l'abbaye de Saint-Germain, qui, au xii° siècle, s'était montrée très libérale pour la suppression de la servitude dans ses domaines, avait encore sur ses terres, quoique à l'état d'exception, des *serfs*, des *gens de condition*, des *hommes et femmes de mortemain et de formariage*. A Saint-Germain-sur-Montereau, elle percevait « le quint denier des mortes mains, les « hommes et femmes de condition du costé de la ville. » Le prieur de Marolles avait « le quint denier des gens de condicion « de l'eglise qui trespassent entre les deux rivieres de Seine et

« d'Yonne. » Enfin, « les mortemains et formariages, tant de « Saint-Germain-lès-Couly comme de Nogent-l'Artaud et villes « voisines, peuvent valoir environ trente-deux livres. » Nous pouvons constater que ces usages ne se retrouvent que dans la partie des domaines de Saint-Germain située du côté de la Champagne, tandis que des chartes de mainmission avaient été concédées pour la plupart des dépendances situées dans la proximité de Paris.

Dans les villes de Dammartin et d'Esmans, l'abbé de Saint-Germain percevait un droit de past, subside annuel qui avait été substitué aux prestations en nature dues au seigneur lorsqu'il venait visiter ses domaines.

Les principales servitudes mentionnées à l'égard des vassaux consistaient en cens, redevances, dîmes, champarts, lods et ventes, droits de justice, bans de mouture, de fournage et de pressurage. A Dammartin, les vassaux étaient tenus de transporter les blés de l'abbaye dans les greniers de Mantes; mais, en retour, l'abbé devait pourvoir à leur nourriture ce jour-là; « nous « querons leurs despens. » Les habitants d'Antony et de Verrière avaient obtenu leur affranchissement de la servitude moyennant la promesse d'une redevance annuelle de cent livres parisis qui était prélevée sur ces deux communautés à la façon des tailles.

En leur qualité de seigneurs spirituels, les religieux devaient pourvoir à l'entretien des curés ou des vicaires perpétuels dans les paroisses soumises à leur juridiction; ce qu'ils faisaient en leur attribuant une part sur les dîmes ou en leur payant une somme fixe désignée sous le nom de *gros*. A Montchauvet, le prieur et le curé se partageaient les droits de sépulture; « quant « un chief d'ostel trespassast, » chacun recevait pour sa part sept sols et sept deniers.

Citons le passage suivant que nous extrayons de l'article de Valenton et qui nous donne des détails intéressants sur les usages religieux de cette époque : « Sur ce, l'en (les religieux) doit le « jour de Pasques à ceulx qui reçoyvent Nostre Senheur Jesus-« Christ, tant à Villeneuve, Crosne et Valenton, pour le pain « benoist iiij setiers de blé et demi-pipe de vin; item, le cierge « benoist à Villeneuve, le *vendredy acre*, pesant vij livres « de cire. »

Cet extrait soulève quelques problèmes liturgiques qu'il importe d'examiner. Tout d'abord, sa première partie pourrait nous donner à supposer, par suite de cette offrande de pain et de vin, pour ceux qui reçoivent la sainte Eucharistie le jour de Pâques, que nous nous trouvons en présence de la communion sous les deux espèces; cette supposition n'est pas admissible, car, bien avant que le concile de Constance eût supprimé en 1415 pour les fidèles la communion sous l'espèce du vin, l'usage en avait absolument disparu dans l'Église latine. Le *pain benoist*, qu'on ne peut pas prendre ici pour le pain consacré, nous fait conclure que dans ces paroisses s'était conservé l'usage d'offrir aux fidèles, qui venaient d'accomplir leur devoir pascal, une légère réfection composée de pain bénit et de vin, image des agapes de la primitive Église. Nous trouvons des traces de cette coutume à des époques bien postérieures; *les Voyages liturgiques du sieur de Moléon,* ouvrage imprimé en 1717, nous apprennent qu'à Saint-Martin de Tours le sous-diacre suivait le célébrant pendant qu'il donnait la communion et présentait le calice avec du vin à ceux qui venaient de communier; qu'à Notre-Dame de Paris, aux messes pontificales, le diacre donnait à tous les communiants du vin pour supplément de la seconde espèce dans un calice consacré, et enfin qu'à Rouen, le dimanche, on mangeait dans l'église le pain bénit comme supplément de la communion, les ecclésiastiques seuls distribuant ce pain, d'après les prescriptions du rituel et du missel. Quel était en second lieu ce cierge bénit qui devait être offert le jour du vendredi saint, désigné ici sous l'appellation énergique et peu usitée de *vendredy acre?* L'attribution en est d'autant plus difficile que ce jour-là, d'après la liturgie, les lumières doivent être éteintes dans le lieu saint en mémoire de la mort de celui qui est la vraie lumière du monde. Un passage de l'ouvrage cité plus haut va nous permettre d'éclaircir ce problème liturgique :

« Le jeudi saint, le clergé et le peuple communiaient des hosties
« qu'on avait consacrées, dont on réservait la moitié sur un autel,
« dans des corporaux soigneusement enfermés, pour les commu-
« nier le lendemain vendredi saint; car, non seulement on per-
« mettait la communion le vendredi saint, tant au clergé qu'au
« peuple, mais il y avait, ce semble, quelque espèce d'obligation
« pour le clergé; il n'y a pas plus de cent ans que cela a cessé,
« comme on peut le voir par tous les anciens missels de Rouen
« et autres églises de France. Un cierge brûlait devant ces hosties

« jusqu'à la fin des *Laudes*, qu'on l'éteignait ces trois jours-là.
« Souvent, on communiait les trois jours et parfois on ramassait
« les hosties dans une petite armoire dans une chapelle latérale[1]. »

Le cierge bénit est donc celui qui brûlait devant les autels où étaient réservées les saintes espèces et qui sont rappelés par nos *tombeaux* du jeudi saint.

Nous relevons enfin des exemples de ces redevances bizarres dues parfois par les vassaux à leurs seigneurs. Dans la ville de Thiais, le doyen d'Ouilly tenait de l'abbé un fief, pour lequel il lui devait certaines redevances en argent et en nature, plus une *oie blanche*. A Jonzac, « quant il y a homme novel (c'est-à-dire
« à tout changement de seigneur ou de vassal), le fief doit un
« cuir de cerf tanné et treize cousteaux à Janot[2]. »

§ 4. *Indications agricoles. Terres arables, bois, vignes.*

Le dénombrement, en nous faisant connaître la fortune territoriale de l'abbaye, nous donne des indications sur la nature et le rendement des propriétés, le mode d'exploitation et les revenus fonciers. Nous remarquons tout d'abord que, relativement à celles d'autres grands monastères, les dépendances de Saint-Germain-des-Prés étaient en nombre assez restreint, mais elles étaient en général de grande étendue; situées dans les environs de Paris, elles étaient d'une surveillance facile et d'une exploitation productive.

Si la quantité des bois et des bruyères était encore considérable sur plusieurs points, la proportion des terres défrichées et culti-

---

1. *Voyages liturgiques de France* du sieur de Moleon (1718), p. 207 et 231.
2. Couteaux qu'on portait, suspendus par des anneaux, à la ceinture. — *Coustiaux as anneaux, coustiaux à Janot*.

Dans un acte d'hommage rendu, au mois de juillet de l'année 1220, par Guillaume de la Roque, seigneur de Jonzac, à Hugues de Flacourt, abbé de Saint-Germain, nous voyons qu'en témoignage de sa vassalité le sire de Jonzac remit à son seigneur un cuir de cerf pour faire des reliures (pour les livres de chœur) et douze couteaux; ces derniers furent distribués aux personnages de distinction, le chevalier Guy de Linois, Hugues d'Issy, Symon de Ver, Pierre de Sacy, l'évêque de Toulouse et ses deux compagnons, qui assistaient à la cérémonie. Le notaire, Guillaume de Vernot, fait remarquer, avec une nuance de désappointement et de tristesse, que, « bien qu'il fût intervenu et qu'il eût rédigé l'acte, il n'a pas eu de cou-
« teau. » (Arch. nat., L 1024, p. 96.)

vées ne l'était pas moins. La culture de la vigne était en honneur; elle semble avoir été alors beaucoup plus importante aux environs de Paris qu'elle ne l'est de nos jours. Dans toutes les dépendances de l'abbaye, nous trouvons des pressoirs, soit particuliers soit banniers, et l'on peut constater que le vin était une des plus importantes et des plus productives récoltes de la contrée. Les religieux avaient une certaine quantité de vignes qu'ils faisaient exploiter eux-mêmes pour l'usage de la communauté; mais c'est surtout par les dîmes que nous pouvons juger de l'importance de la culture de la vigne. Notons enfin, dans le territoire de la ville de Bagneaux, un essai d'exploitation minière. — « Item, a ledit prevost certains lieux et bois l'en ont fait minier « de fer qui puent valoir par an lx sols. » Et, dans celui de Cachant, une plâtrière qui produisait un revenu annuel de douze livres.

Nous allons réunir en un tableau comparatif les diverses données agricoles du dénombrement et les proportions des terres arables, bois, prés, vignes composant la propriété monastique. Malheureusement, ce tableau n'est que très approximatif et incomplet, car le document ne nous donne d'indications que pour les domaines que les religieux exploitaient eux-mêmes, soit directement soit par fermiers, et les supprime complètement quand les ravages de la guerre avaient trop diminué les revenus de leurs possesseurs.

§ 5. *Indications monétaires. Revenus de l'abbaye.*

Les indications que nous relevons sur les revenus de l'abbaye et de chacune de ses dépendances sont assez incomplètes par suite de la nature du document et du but qui a inspiré sa rédaction. Comme nous l'avons fait déjà remarquer, ce n'était qu'un brouillon qui devait servir à la composition du dénombrement officiel et définitif; des renseignements n'avaient pas encore été recueillis, et l'évaluation de certains revenus restait en blanc après leur énonciation. De plus, l'abbé Richard, en produisant cette pièce, cherchait à obtenir une décharge de subside; il avait donc intérêt à ne pas diminuer l'étendue des désastres qui avaient tellement réduit la prospérité de l'abbaye et à ne pas exagérer ses revenus. C'est là sans doute ce qui a porté le rédacteur à supprimer l'évaluation de certains revenus. Plusieurs des plus importantes

PROPRIÉTÉS DE L'ABBAYE DE SAINT-GERMAIN-DES-PRÉS.

	Terres arables.	Bois.	Prés.	Vignes.
Ville de St-Germain-des-Prés.	arpents 40	arpents	arpents 3	arpents
Jouy-en-Josas.		grande quantité	5	
Châtillon.	18			
Fontenay.				14
Montéclin.	200	300	11	
Meudon.				33
Cachant.	180			20
Paray.	200			1
Le Breuil.	141		40	12
Avrainville.	160	20	4	3
Suresnes.	14			
La Celle-S.-Cloud.	90	70		9
Thiais, Choisy, Grignon.	180		44	15 5 quarterées
Villeneuve-St-Georges.	200		43	9
Valenton.	56	36		7
Antony.	156	400	25	
Samoreau.	160	400	8	14
Fresnières.	50	900		
St-Germain-sous-Montereau.	60		8	3
Marolles.	180			
Esmans.	160		24	
Bailly.	160	18		3
St-Germain-lès-Couilly.				5
Romainvillers.	240			
Pringy.	24			
Nogent-l'Artaud.	160	400		
Dammartin.	140			6
Montchauvet.				3
Septeuil.	60			
Dreux.				3
Longuesse.	42			
Bouafle.				3
Les Halles.	24			
	3095	2544	215	163 5 quarterées

dépendances de Saint-Germain, comme Saint-Germain-Laval, ne figurent pas dans le dénombrement de 1384; il est permis de supposer que ces membres de l'abbaye avaient été aliénés à titre viager et qu'on profitait de la circonstance pour diminuer d'autant le chiffre de la fortune territoriale de Saint-Germain[1]. D'où nous pouvons conclure que le tableau que nous allons dresser n'a d'intérêt qu'au point de vue des revenus de chacune des dépendances et ne nous donne pour la richesse des menses abbatiale et conventuelle qu'un minimum bien au-dessous de la vérité.

En dehors de ces indications de revenus, nous pouvons extraire du document certains détails intéressants au point de vue du prix des principaux produits agricoles, de la main-d'œuvre et de l'évaluation des monnaies.

Comme nous l'avons déjà remarqué, les religieux avaient réservé dans plusieurs de leurs domaines des vignes qu'ils faisaient cultiver à leurs frais et dont les produits étaient destinés à la consommation de la table monastique. Nous trouvons dans l'inventaire la mention du nombre d'arpents de vigne ainsi exploités et l'évaluation de leurs revenus :

A Fontenay et à Châtillon, quatorze arpents de vigne rapportaient 8 livres, ce qui réduit à 11 sols 25 deniers le revenu de l'arpent.

A Issy, cinq arpents rapportaient 100 sols; le revenu de l'arpent était donc de 1 livre.

A Meudon, le revenu de dix-huit arpents était de 10 livres 16 sols, soit celui de l'arpent à 12 sols.

A Antony, vingt arpents rapportaient 12 livres, soit 12 sols par arpent.

A Thiais, quinze arpents rapportaient 15 livres, soit 1 livre par arpent.

Revenus analogues dans chacune des dépendances suivantes : Samoreau, Saint-Germain-sous-Montereau, Dammartin, Montchauvet, où trois arpents de vigne rapportaient par an 60 sols.

---

1. La nomenclature des fiefs, qui se trouve à la fin du document, permet de constater qu'un grand nombre avait été aliéné; si nous la comparons à une liste de fiefs, dépendants de l'abbaye, transcrite dans le cartulaire †††et remontant, par suite, à la fin du XIIIe siècle, nous voyons qu'une soixantaine de fiefs, châteaux, villes, terres, bois ou moulins figurent dans cette dernière, qui ne sont pas mentionnés dans le dénombrement de 1384.

Du reste, le prix des vins variait beaucoup suivant les territoires, par suite sans doute de la différence de leur qualité, et aussi des besoins de la consommation locale :

A Thiais, vingt queues de vin étaient évaluées 80 livres, ce qui portait le prix de la queue à 4 livres.

A Samoreau, quatre queues valaient 10 livres, soit la queue à 2 livres 10 sols.

A Saint-Germain-lès-Couilly, cinq queues valaient 10 livres, soit la queue à 2 livres.

A Septeuil, cinq queues valaient 8 livres, soit la queue à 1 livre 12 sols.

A Dreux, quatre queues valaient 4 livres, soit la queue à 1 livre.

Nous relevons des indications analogues pour l'exploitation des bois de l'abbaye.

A Antony, quatre cents arpents étaient divisés en vingt coupes annuelles de vingt arpents chacune et le prix de la coupe d'un arpent était de 8 livres.

A Fresnières, neuf cents arpents étaient divisés en trente-deux coupes de vingt-cinq arpents chacune et le prix de la coupe d'un arpent était de 6 francs. Le document ajoute « qu'ils sont ainsi « peu vendus pour ce qu'ils sont loing de rivière. »

A Nogent-l'Artaud, pour les quatre cents arpents « de bois et « de bruyères, » le prix de la coupe d'un arpent n'était que de 3 sols.

Enfin, le dénombrement contient une indication intéressante relativement au cours monétaire de l'année 1384. Par contrat passé en 1300 et approuvé par le pape et par le roi de France, l'abbaye de Saint-Germain-des-Prés avait aliéné son prieuré de Gilly et l'avait cédé à l'abbaye de Cîteaux moyennant une rente annuelle de quatre-vingts marcs d'argent. Un arrêt du Parlement venait de confirmer ce contrat et d'obliger les Cisterciens au paiement de ladite rente. Le dénombrement, « d'après la déclaration « du marc d'argent à *quatre livres cinq sols tournois,* » donne la valeur en monnaie tournois des quatre-vingts marcs d'argent, soit 470 francs 10 sols et 7 deniers tournois ou bien 340 livres tournois, d'où nous voyons que, en 1384, le franc tournois valait 339 l. 9 s. 5 d./470, soit 16 sols 7 deniers tournois. Évaluant en monnaie parisis, nous trouvons que les quatre-vingts marcs d'argent valaient 425 livres parisis.

Dans le document, la plupart des revenus sont indiqués en

monnaie parisis; pour un très petit nombre de localités, on s'est servi de la monnaie tournois. Nous basant sur la probabilité et sur l'usage généralement accepté à cette époque, nous attribuerons à la monnaie parisis toutes les sommes où la nature de la monnaie n'est pas indiquée. Ce sera en cette monnaie que nous exprimerons dans notre tableau tous les revenus en argent.

REVENUS DE L'ABBAYE DE SAINT-GERMAIN-DES-PRÉS.

	Revenus en argent.			Revenus en nature.				
				Grains.		Vins.		Produits divers.
	livres	sous	deniers	muids	setiers	queues	muids	
Ville de St-Germain-des-Prés.	274	60		3				
Ville de Paris.	94							
Sceaux.	24							
Évêché de Senlis.	32							
Jouy-en-Josas.	24							
Villejuif.	12							
Châtillon.	28						18	
Fontenay-aux-Roses.	16	10						
Montéclin.				10				
Meudon.	103	6		5			10	
Suresnes.	42	10						
Yvry.	2	10						
Vaugirard.	290							
Issy.	65			2 1/2				
Cachant.	105	14		14 1/2			5	50 charretées de foin
Paray.	34			28				
Le Breuil.	224							
Avrainville.	80							
La Celle-S.-Cloud.	14							
Le Chesnaye.	123			8				
Thiais, Choisy, Grignon.	155			42			15	
Villeneuve-St-Georges.	330			15	20		20	
Valenton.	61				17			
Antony.	410			28			20	
Melun.	12	8	9					
Samoreau.	79	7	6				4	
Fresnières.	126	7	6	4				
A reporter...	2772	3	9	161	1	74	18	

	Revenus en argent.			Revenus en nature.				Produits divers.
				Grains.		Vins.		
	livres	sous	deniers	muids	setiers	queues	muids	
Report...	2772	3	9	161	1	74	18	
St-Germain-sous-Montereau.	88			7		5		
Marolles.	72	14		12				
Esmans.	89			12				
Bagneaux.	12							
Bailly.	4			5				12 agneaux
St-Germain-lès-Couilly.	76	10		32		5		
Romainvillers.	60							
Pringy.	20							
Nogent-l'Artaud.	129			8		6		
Dammartin.	195	18	4	42				
Septeuil.	20				4	5		
Dreux.	17				6	4		
Longuesse.	24							
Bouafle.	12							
Saint-Léger-en-Arthies.				4 1/2				
Les Halles.				2 1/2	10			
Cîteaux pour Gilly.	425							
Fiefs.								
Massy.	24							
Issy.	28							
Issy.	44							
Villepreux.	16							
Fontenay.	10							
Dammartin.	8							
Thiais.	10							
Villeneuve-St-Georges.	1	10						
Valenton.	12	3						
Viry.	32							
Le Breuil.	8							
Chastes.	20							
Avrainville.	16							
Samoreau.	32							
St-Germain-sous-Montereau.	5							
Bagneaux.	10							
Nogent-l'Artaud.	8							
St-Germain-lès-Couilly.	28							
La Celle-S.-Cloud.	2							
Jonzac.								1 cuir de cerf 13 couteaux
	4231	19	1	286	21	99	18	

Dom Du Bourg.

DÉNOMBREMENT DES BIENS ET REVENUS DE SAINT-GERMAIN-DES-PRÉS, EN 1384[1].

C'est le denombrement et declaration que Reverend Richard[2], par la permission divine humble abbé de Saint-Germain-des-Prés lès Paris[3] et le convent de ce mesme lieu, tenons nuement du Roy nostre sire : 1° tout le temporel de nostredite eglise avec les villes, terres, possessions, cens, rentes et revenus cy-dessous escripts et desclairés, et tout par amendement.

Item, le corps de nostredite eglise, laquelle est à present fortefiée du commandement et constraincte du Roy nostre sire.

Item, la ville de Saint-Germain, en laquelle nous avons toute justice et seignourie haulte, moyenne et basse, tant espirituele que temporele, et puest bien valoir par an, la justice espirituele vint livres parisis, lesquelx sont à celui qui la governe, et la temporele puest aussi bien valoir quarante livres parisis, lesquelx sont à celui qui la dessert et garde; item, en ycelle ville les cens et rentes appartenant tant à nous, abbé, comme au convent, pour anniversaires, puent bien valoir par an, c'est assavoir à nous, abbé dessusdit, environ cinquante livres, et au convent, pour lesdits anniversaires, environ vint-quatre livres; item, en ycelle ville les dismes des terres puent valoir par an environ trois muis de grains, et doyvent les dismans qui la tiennent fuetres pour l'eglise.

Item, le *cellerier* d'icelle eglise tient au terroir de la ville de Saint-Germain ij arpens de vigne et environ xl soulz de gros cens qui sont à son profit, à cause de sondit office.

Item, la riviere de Saine, avecque toute justice et pescherie depuis Grand-Pont et Petit-Pont de Paris jusques environ le poncel de Sèvre, qui puet valoir par an, tant en louaige d'icelle comme espaves, environ vij^{xx} livres, au profit du *cuisinier*, et sur ce doit certaine pitance querir au couvent tous les jours.

Item, l'office du *cenier* puet bien avoir de rentes, tant en ycelle ville de Paris comme plast pays, environ xxiiij livres, lesqueles sont à son profit, à cause de sondit office, et pour querir certaine necessité audit couvent, c'est assavoir fruit à mengier.

---

1. Arch. nat., L 760, n° 29.
2. Richard de Laître, abbé de Saint-Germain (1361-1387).
3. La ville de Saint-Germain s'était formée autour de l'abbaye; elle était complètement séparée pour la juridiction, l'administration, etc. de la ville de Paris. Au xv° siècle, elle avait ses corps de métiers distincts ne relevant pas de ceux de Paris.

Item, le *chevecier* a chascun an de rente xx solz parisis, prins audit Saint-Germain sur une certaine maison située en ladite ville, avecque les offrandes et oblacions que Dieu li envoye.

Item, l'*enfermier* de ladite eglise tient, à cause de son office d'enfermerie, une maison à *Ceaux*[1], avecque aucunes possessions et revenus, c'est assavoir terres, vignes, cens et rentes, louez par an xxiiij livres, et, sur ce, fault soustenir la maison ; item, ledit enfermier, à cause de son office, ha en l'eveschié de Senlis cens, rentes et appartenances, loués par an xxxij livres, qui soloient valoir lx livres, et il fault paier sur ce le conseil et ycelle garder.

Item, l'*aumosnier* de ladite eglise a en ladite ville de Saint-Germain environ xl arpens de terre et iij arpens de pré à Anthoigny[2], qui sont loués par an x livres parisis ; item, en cens et rentes, tant audit Saint-Germain comme à Paris, environ xx livres ; item, en la ville de Joy[3], un hostel, coulombier, un petit molin, la moitié d'un four bannier, v arpens de prés, environ L solz de menus cens et une certaine quantité de boiz, tout ce que dit est d'ycelle ville loué xxiiij livres ; item, à *Ville-Juye*[4], cens, rentes, dismes et droitures qui puent valoir par an xij livres. Et doit sur ce 11 paires de nates au moustier, les courbeilles où l'on met l'aumosne, les esmouchoirs au couvent, iiij livres au pitancier et le remenant doit estre distribué pour Dieu au pouvres.

Item, le *tresorier* d'icelle eglise a un hostel à Chasteillon[5], la tierce partie de la moyenne justice, cens, rentes, droitures et environ xviij arpens de terre, puent valoir xxviij livres ; item, en ycelle ville a environ xij muys de vin de vynage ; item, tant à Fontenoy[6] comme à Chasteillon, environ xiiij arpens de vignes, qui puent valoir environ viij livres de rentes ; item, environ c solz de menus cens, qui puent valoir pour les ventes viij livres ; item, ledit tresorier [a] à Monteclin[7] une maison avec environ ij arpens de terre et xj arpens de prés, xij livres de menus cens, environ iij° arpens que boys que bruyeres, basse justice, la moitié d'un petit molin, tout ce loué, montant et avallant, x muys de grain à la mesure de Chasteaufort ; item, à *Medon*[8], sur certaine aunoye, L solz de rente ; item, à *Suraynes*[9], sur certaines vignes, L solz de rente ; item, à *Yvery*[10],

---

1. Sceaux, ch.-l. d'arr. de la Seine.
2. Antony, Seine, arr. et cant. de Sceaux.
3. Jouy-en-Josas, Seine-et-Oise, arr. et cant. de Versailles.
4. Villejuif, Seine, arr. de Sceaux, ch.-l. de cant.
5. Châtillon-sous-Bagneux, Seine, arr. et cant. de Sceaux.
6. Fontenay-aux-Roses, Seine, arr. et cant. de Sceaux.
7. Monteclin, Seine-et-Oise, comm. de Bièvre.
8. Meudon, Seine-et-Oise, arr. de Versailles, cant. de Sèvres.
9. Suresnes, Seine, arr. de Saint-Denis, cant. de Courbevoie.
10. Ivry-sur-Seine, Seine, arr. de Sceaux, cant. de Villejuif.

emprès Corbeil, cens, rentes, dismes, champars, qui puent valoir, montant et avalant, L solz parisis; item, tant à Saint-Germain comme à Paris, en cens, rentes et justice et ventes, environ L livres. Et sur ce, ledit tresorier doit tout le luminaire de ladite eglise de Saint-Germain, qui puent bien monter chascun an viij[e] livres de cire; item, il doibt vj sommes d'uyle pour le moustier; item, environ xj aunes de toile chascun an pour aubes et rochés; item, environ viij livres d'encens; item, il doit soustenir les encensiers et calices; item, les cordes aux sains, et soustenir yceulx, et les verrieres et les deux tours, et recouvrir ledit moustier et le disime (décime), qui monte vij livres x solz parisis, et doit avoir les oblacions faictes en ladite eglise, qui passent un quarton de cire.

Item, à Valgirart[1], ladite eglise ha un hostel et une garayne, toute justice haulte, moyenne et basse en la ville et environ xl livres de menus cens paiés à plusieurs termes.

Item, en la ville d'*Issy*, deux maisons, dont l'une ne rend riens à ladite eglise, les deux parts de la haulte, moyenne et basse justice, v arpens de vignes, qui puent valoir c solz; item, de cens et rentes paiés à plusieurs jours, environ lx livres parisis; item, la disme de grains dudit Issy et Valgirart, le gros du curé paiet, puet valoir par an, montant et avalant, environ deux muys et demy; item, en ladite ville d'Issi trois pressouers banniers et en la ville de Valgirart deux qui sont loués, et les dismes avec les prainctes, environ ij[c] L livres, montant et avalant. Et, sur ce, fault soustenir yceulx pressouers et maisons; item, la justice des deux villes puent valoir environ.....

Item, à *Medon*, un hostel et une granche et environ la moitié de la ville en nostre justice haulte, moyenne et basse; item, la disme des grains de la paroisse dudit Medon puet valoir par an, montant et avalant, environ v muis, et, sur ce, elle est chargée, tant au curé, pour son gros, comme ailleurs, en xxxij sestiers de grains; item, environ xviij arpens de vignes, lesquels nous faisons faire en nostre main pour le vivre de l'eglise, puent valoir, montant et avalant, l'arpent xij solz, valent la somme x livres xvj solz parisis; item, cens et rentes paiés par an à plusieurs jours, environ xxx livres; item, quatre pressoirs, puent valoir les prainctes et les dismes environ lx livres parisis, et, sur ce, fault soustenir la maison et les pressouers; item, environ x queues de vin de censes que plusieurs vignes doyvent un chascun an, et, sur ce, l'eglise en doibt à plusieurs personnes d'eglise chascun an xxvij muys.

Item, à *Cachant* emprès *Erquel*[2], un hostel et un molin, haulte justice audit Cachant, un pressouer, fosses à yaue (eau), environ

---

1. Vaugirard.
2. Cachant, Seine, comm. d'Arcueil.

l arpens de prés, tant dedans l'enclosture de l'ostel comme dehors, qui puet valoir, ladite eglise fournie de l chartées fains par an, lx livres parisis; item, de menus cens paiés à plusieurs jours, environ xvj livres parisis; item, environ ix^{xx} arpens de bonnes terres arables baillées à louaige, montant et avalant, douse muis de grain; item, environ xx arpens de vignes, lesquelles nous faisons labourer en nostre main pour le vivre et necessité de nous et de nos compaignons, puent valoir l'arpent xij sols, valent, en somme, xij livres parisis; item, la couppe des Saussoies vault par an, montant et avalant, environ x livres parisis; item, ledit molin puet valoir par an environ deux muis et demi; item, les prainctes et dismes puent valoir environ v queues de vin, montant et avalant; item, la justice et les ventes peuent valoir environ c solz; item, une plastrière, peut valoir par an, montant et avalant, xij livres, et sur ce fault soustenir ledit hostel et appartenances avec le pressoer.

Item, à *Paray*[1], un manoir et toute la justice haulte, moyenne et basse, avec ij^c arpens de terre et environ un arpent de vigne, tout ce loué par an, montant et avalant, xij muis de grain; item, la disme et champars de ladite ville puent valoir, montant et descendant, environ xvj muys; item, en ycelle ville, à plusieurs jours en l'an, de rentes, environ xvj livres; item, environ xxv droitures, puent valoir xv livres; item, la disme des aigneaux puent valoir environ c solz; item, la justice est louée lxiiij solz.

Item, en la ville de *Bruel*[2], j hostel, j colombier, j petit estanc, j molin, toute justice haulte, moyenne et basse, j pressoir bannier et j aultre en la ville de Savigny bannier, environ xl arpens de prés, vj arpens de saussoies, environ xxxij livres de menus cens et rentes à plusieurs jours, la granche de haut et le coulombier, environ vj^{xx} et x arpens de terres, environ xij arpens de vignes, tout loué xij^{xx} francs, qui soloit valoir iiij^c livres parisis de ferme chascun an; laquelles est ainsi dyminuée par les guerres.

Item, en la ville d'*Avrainville*[3], une maison, environ viij^{xx} arpens de terre arable, environ xx arpens de bois, champars et dismes, justice ès deux parties de la ville haulte, moyenne et basse, avec iij arpens de vignes et iiij arpens de prés, cens et rentes, droictures, toutes les choses dessusdites louées c livres tournois, montant et descendant. Et audit lieu soloit avoir un prevost et un religieux, son compaignon, qui là vivoient honestement et gardoient la justice et faisoient le service divin et en rendoit pour lors iiij^{xx} et xvij livres au couvent pour leurs pitances, et sont ainsi dyminuées par les fortunes des guerres; ladite ville arse et nostre maison aussi.

---

1. Paray, Seine-et-Oise, arr. de Corbeil, cant. de Longjumeau.
2. Le Breuil, comm. d'Épinay-sur-Orge, Seine-et-Oise.
3. Avrainville, Seine-et-Oise, arr. de Corbeil, cant. d'Arpajon.

Item, en la ville de *Surayne*[1], une maison, appelée *Prevosté*, et là demeure un prevost religieux, laquele maison est ruineuse, ij pressoirs, xiiij arpens de terre, la disme de la paroisse, chargée de xxviij sestiers de grain au curé du lieu, juridiction haute, moyenne et basse ès iiij partz de la ville, les profits des pressoirs, environ x livres de menus cens et environ x livres de gros cens par an et les profis de ladite jurisdiction et des ventes, que puent valoir xl livres ou environ.

Item, à *la Celle*[2], une autre maison appartenant à ladite prévôté, laquele est destruite par les ennemis du royaume, justice haulte, moienne et basse, environ iiij^{xx} et x arpens de terre, environ lxx arpens de petits bois et de poure revenue, ix arpens de vignes en friche passé à xxx ans, les dismes de grains et vins de la ville, les cens et rentes, qui puent valoir par an environ iiij livres.

Item, en la ville de *Chaynay*[3], j four bannier, granche pour dismes et champars, qui souloient valoir xiiij muis de grains, a esté destruite par les ennemis et ne vault à present que viij muis. Et sur les choses dessusdites, ledit prevost doit chascun an au convent de l'eglise Saint-Germain cviij livres pour leur *général* et au pitancier, pour aniversaires, xiiij livres; item, au curés, qui pregnent gros sur lui, environ viij muis de grain; item, pour son decime, iiij livres; item, audis curés, pour leur gros de vin, environ v muis; item, au prieur de Nostre-Dame-des-Champs, chascun an demy-muy d'orge, et si faut soustenir les maisons et relever et les pressoirs.

Item, en la ville de *Thiès, Choisy et Grignon*[4], lesquelles sont de nostre demaine, une maison notable, c'est assavoir à Thiès, les iiij pars de la justice haulte, moienne et basse, environ ix^{xx} arpens de terre arable, environ xliv arpens de mauvais prés; item, environ L livres, tant de menus cens comme droictures, environ v quarterées de vigne, ij fours banniers, et vault bien par an ladite justice, avec les profis des ventes, environ xl livres; item, les dismes franches de vin et de aniaux puent valoir par an environ x livres. Lesquelles choses dessusdites, un religieux de l'eglise, appelé le prevost de Thiès, tient à present à ferme au prix de viij^{xx} livres tournois, rabatu xxv queues de vin que soloit penre sur; item, ledit prevost a la moitié des oblacions et offrandes faictes en l'eglise de Thiès, depuis nonne la veille Saint-Leu jusqu'au lendemain nonne et aux autres fêtes annueles la moitié, et, sur ce, il doit faire ou faire faire le service à

---

1. Suresnes, Seine, arr. de Saint-Denis, cant. de Courbevoie.
2. La Celle-Saint-Cloud, Seine-et-Oise, arr. de Versailles, cant. de Marly.
3. Le Chesnay, Seine-et-Oise, arr. et cant. de Versailles.
4. Thiais, Choisy-le-Roi et Grignon, Seine, arr. de Sceaux, cant. de Villejuif.

ladite eglise, les vespres à la veille et procession lendemain, et la grant messe, et ne doit pas de disme pour ce que c'est du demaine de la crosse; item, autres possessions qui sont du demaine de la crosse ès dites villes et territoires, c'est assavoir les dismes de grains et champars puent valoir, montans et avalans, environ xlij muis de grain pour la despence de ladite eglise; item, environ xv arpens de vignes labourées en nostre main pour ladite despense, qui puent valoir environ xv livres; item, tant en ladite ville de Thiès comme Choisi et Grignon, v pressoirs banniers, qui puent valoir par estimacion, avec les vignes, terres, environ xv queues de petit vin; item, le dymenche devant la Saint-Martin, pour certains heritaiges baillés à croys de cens, environ xx livres. Et, sur ce, l'en doit au curé du lieu xvj sestiers de grain et iiij muys de vin, et au curé de Paray iij muys de vin, et tout par amendement.

Item, à *Villeneuve-Saint-Georges*[1] ha un bon hostel, ainsi comme il se comporte, avec ix arpens de vignes appartenant audit hostel; item, toute justice haulte, moienne et basse; laquelle couste plus qu'elle ne vault; item, environ ij^e arpens de terre arable, que valent bien de moison par an, montant et avalant, x muis; item, environ xliij arpens de prés, qui puent valoir par an, montant et avalant, xl livres; item, oudit hostel, un pressoer bannier pour les vignes serves, et puent valoir xx queues de vin par an, qui valent bien iiij^{xx} livres, montant et avalant, et anciennement valoient bien ycelles vignes c queues de vin; mais elles sont en friche; item, la riviere d'Yerre vault par an, montant et avalant, bien lx livres; item, le port de la riviere en la riviere de Saine vault par an xiiij livres, et, sur ce, il faut soustenir les cherrieres, qui coustent plus qu'il ne vault à present; item, un molin bannier en la riviere d'Yerre, qui peut valoir, montant et avalant, par an x muis de grain; item, un four bannier, en ladite ville, qui peut valoir, montant et avalant, environ xvj livres; item, les dismes des terres labourées, tant d'icelle ville, Valenton et une partie de Crone, valent bien, montant et avalant, v muys; item rentes d'avoine à la Saint-Martin, environ xx sestiers d'avoine.

Item, en la ville de *Valenton*[2], un hostel et jardin, ij arpens de vignes et à la Saint-Remy xj livres de cens; item, un pressoer bannier pour les vignes, mais elles sont demeurées en friche pour les guerres; item, de rentes d'avoine, chascun an environ xvij sestiers d'avoine; item, un hostel appelé *les Bruyères*, lequel est tout desert et inhabitable, avec c arpens de terre qui sont en espines; item, environ xxxvj arpens de petit bois, qui sont pour le governement de

---

1. Villeneuve-Saint-Georges, Seine-et-Oise, arr. de Corbeil, cant. de Boissy-Saint-Léger.
2. Valenton, Seine-et-Oise, arr. de Corbeil, cant. de Boissy-Saint-Léger.

l'hostel de Villeneuve et non plus ; item, le banc de la ville, montant et avalant, valant par an bien viij livres ; item, le minage et la costume de la ville, valant xl solz parisis. Et, sur ce, l'en doit le jour de Pasques à ceulx qui reçoyvent Nostre-Seigneur Jesus-Christ, tant à Villeneuve, Crone et Valenton, pour le pain benoist, iiij sestiers de blé et demi-queue de vin ; item, le cierge benoist à Villeneuve le vandredy acre, pesant vij livres de cire ; item, tant au curé pour son gros comme à autre eglise, chascun an, trois muis et demi de grain ; item, en argent, xiiij livres parisis ; item, de vin au curés, pour leurs gros, iiij muis de vin ; item, pour la garde du four, par an, lxiiij solz ; item, au sergent de Villeneuve, chascun an, ij chartées de foin, et, quant il y a prisonnier, chascun jour ij sestier de vin. Et faut aussi soustenir les maisons, pressouers, aplius et charrieres. Et sont les choses dessusdites de la celle de l'abbé et du demaine de la crosse. Et ha au lieu demourant un religieux qui est d'icelle eglise, appellé le prevost de Villeneuve, liquelz tient ycelle à ferme au pris de ij^o livres parisis, et l'on en soloit rendre avant les guerres du royaume de France iiij^o livres parisis. Item, en ladite ville de Valenton, le convent ha une maison et environ v arpens de vignes ; item, environ lvj arpens de terre, un petit four ; item, par an environ xiiij livres, tant de cens comme de rentes, et est loué à present, montant et avalant, xl livres au profit du couvent.

Item, en la ville d'*Anthoigny*[1] a un grant hostel, les deux pars de la justice de la ville, avec toute la justice de *Verriere*[2], ij fours banniers à nos hostes, l'un audit Anthoigny et l'autre en la vile de Verriere, et deux pressoers banniers avec vignes, terres, environ vij^{xx} et xvj arpens de terre arable ; item, xxv arpens de prés ; item, deux molins banniers aux hostes ; item, ès dites deux villes, à plusieurs jours en l'an, environ L livres de menus cens ; item, environ iiij droictures ; item, environ xij sestiers d'avoine de rente par an ; tout ce que dit est baillé à louaige pour le pris de ij^o livres tournois, dont l'en soloit avoir ij^o livres parisis, et l'estat et vivre de deux religieux qui demourent au lieu et est du demaine de l'abbé ; item, s'en suivent ce qui n'est pas baillé avec la ferme dessusdite : 1° les dismes des grains, que puent valoir par an, montant et avalant, environ xx muis de grain, qui soloit valoir environ xxxv muis ; item, environ viij muis d'avaine chascun an, au jour des Mors, dont une partie dois se rendre ès greniers de l'église Saint-Germain et l'autre demeure en l'hostel de la prevosté, à Anthoigny ; item, environ iiij^o arpens de bois et bruyeres, dont l'en puet bien vendre chascun an xx arpens et puet valoir l'arpent viij livres parisis, valent, en somme, viij^{xx} livres parisis ; item,

---

1. Antony, Seine, arr. et cant. de Sceaux.
2. Verrière, Seine-et-Oise, arr. de Versailles, cant. de Palaiseau.

les deux villes nous doyvent de taille chascun an, lendemain de la Chandeleur, c livres parisis, dont l'en paie le consail de l'eglise; item, les dismes des vins et pressoirs valent, montant et avalant, environ xx queues, qui soloient valoir avant la guerre vj^{xx} queues; mais les heritaiges sont demourés en friche et les villes arses et destruites par les ennemis. Et sont les choses dessus escriptes en la viconté de Paris.

Item, en la ville de *Melun*, l'eglise a une maison, laquelle est louée xv frans, et sur ce la fault soustenir.

Item, en la ville de *Samoisiau*[1], emprès Samoys, un grant hostel et coulombier sur la riviere de Saine, moienne et basse justice en la ville, environ viij^{xx} arpens de terre arable, viij arpens de petiz prés, environ xvj livres que rentes que cens, tout ce loué xxiiij livres et aussi paié le curé pour son gros xvj livres; item, environ xiiij arpens de vignes, que nous faisons faire à nos deniers, et pourroit bien valoir l'arpent xxv solz, valent xiv livres; item, les dismes du pressoir, environ iiij queues de vin par an, puent bien valoir x livres parisis; item, environ iiij^c arpens de petis bois à costerez, et ne donnent pas de gruaige et puent valoir par an L frans.

Item, à *Frenier*[2] a un grant hostel, L arpens de terre arable, viij arpens de pré, tout loué iiij muis de grain à la mesure du lieu; item, environ xl solz parisis de cens à la Saint-Remy; item, environ ix^c arpens de grant bois, dont l'en puet bien vendre chascun an xxv arpens, l'arpent valant vj francs, valent, en somme, cl francs, et sont ainsi pue vendus pour ce qu'ils sont loing de riviere, et les autres v arpens sont pour la despence de l'eglise.

Item, en la ville de *Saint-Germain-sus-Monteriau*[3], un grant hostel et granche, environ lx arpens de terre arable, environ viij arpens de prés, un molin en la riviere de Saine, fondu; item, environ xij livres de menus cens; item, le quint denier des mortes mains, les hommes et femmes de condicion du costé de la ville, puet valoir, montant et avalant, par an vj livres; item, iij arpens de vignes, qui puent valoir lx solz par an. Et en rent de ferme le prevost qui demeure sur le lieu, xxiiij livres; item, la disme des grains de toute la paroisse n'est baillée à loier que à vij muis de grain, qui souloit bien valoir xxxij muis, et sur ladite ferme, iij muis pour le gros du curé faut paier chascun an; item, la disme de vin puet valoir, montant et avalant, environ v queues de vin, ledit curé paié, qui peuvent valoir ensemble viij livres; item, au territoire et environ, en plusieurs villes, l'eglise a plusieurs gens de condicion, de mortes mains et formariage, dont nous, abbé, prenons les quatre parties, qui puent valoir, montant et avalant, envi-

---

1. Samoreau, Seine-et-Marne, arr. et cant. de Fontainebleau.
2. Fresnières, comm. de Laval, cant. de Montereau, Seine-et-Marne.
3. Saint-Germain, cant. de Montereau, Seine-et-Marne.

ron xl livres; item, en la riviere de Saine, un gort, qui est loué, montant et avalant, xvj livres; item, une prairie, appellée les *Gains-de-l'Abbé*, louée par an, montant et descendant, environ viij livres.

Item, en la ville de *Marolles*[1], un hostel, lequel fu destruit par les guerres; item, un grant granche et estable emprès de ladite ville qui fu arses par les ennemis; item, environ ix^{xx} arpens de terres en friche; item, les cens et les rentes soloient bien valoir lx livres, qui ne valent à present que x livres, et faut que le prieur, qui soloit demourer sur le lieu, et deux religieux avec lui, pour faire le service dudit prioré, demourent à present à l'eglise, pour ce qu'ils n'auroient de quoy vivre sur le lieu, et, neantmoins, il faut qu'il paie son disme, qui monte lxiiij solz et vij livres, au convent pour universaire; item, la disme des grains d'icelle ville puet valoir environ iiij muis, qui soloit valoir xij muis, et faut paier ij muis de gros au curé du lieu; item, ledit prieur à la moitié de l'ostelaige, puet valoir par an environ l solz; item, ledit prieur a le quint denier des gens de condicion de l'eglise qui trespassent entre les deux rivieres de Saine et d'Yonne.

Item, en la ville de *Emant*[2] a un grant hostel notable et prevosté baillée en ferme à l'un de nos religieux, et avons en ladite ville haulte justice, moienne et basse, et appertient audit hostel environ viij^{xx} arpens de terre; item, un bon molin bannier aux hostes et justiciables de ladite ville et hemiaux; item, environ xxiiij livres de rentes et cens à plusieurs jours en l'an; item xxiiij arpens de prés; la tierce partie des oblacions de la cure aux jours solemnés; baillé tout ce que dit est audit prevost religieux à ferme à c livres tournois qui soloient valoir anciennement ij^c livres tournois; item, le four de la ville, bannier ausdits habitans; item, la disme de vin d'icelle paroisse; item, le banc du lieu; item, environ iij muis d'orge par an sur certains heritaiges et de costumes; tout ce baillé audit prevost parmi ladite somme; item, en ladite ville et territoire, l'abbé et eglise, ont le dismage de grain et champars de ladite ville et hemiaux, lesquels valent à present xij muis, qui soloient voloir lx muis; item, un paast par manière de taile, qui puet valoir environ ix livres.

Item, en la ville de *Benniaux*[3], entre Villeneuve-l'Arcevesque, soloit avoir un noble prevosté, bonne maison, bon molin, grans dismes et champars, cens et rentes et en plusieurs autres villes voisines, grant quantité de terres arables; laquelle maison et molin furent destruis et ars par les ennemis du royaume de France, et la ville aussi; parquoy les heritaiges sont demourés en friche et les habitans de cette ville sont alés demourer alieurs, pour ce qu'ils

---

1. Marolles, Seine-et-Marne, arr. de Fontainebleau, cant. de Montereau.
2. Esmans, Seine-et-Marne, arr. de Fontainebleau, cant. de Montereau.
3. Bagneaux, Yonne, arr. de Sens, cant. de Villeneuve-l'Archevêque.

n'avoient de quoy vivre ne eulx remetre sus; et ledit prevost demeure au lieu, liqueulx n'averoit de quoi vivre, se ce n'estoit la grace que nous li faisons; et, avec ce doit x livres parisis au couvent pour aniversaire; item, il doit decime au pape; item, il doit audit couvent, pour leurs necessités viij^{xx} aunes de toile; item, xij pennes noires pour fourrer leurs chaperons; item, a ledit prevost certains lieux et bois l'en ont fait minier de fer qui puent valoir par an lx sols. Et, tout ce advisé et consideré, ladite prevosté couste audit couvent et à nous bien xl livres chascun an, plus que elle ne vault et le vivre de son compaignon qui doit demourer à ladite eglise pour ce qu'il n'auroit de quoi vivre sur le lieu.

Item, en Poictou, au lieudit *Nintré*[1], un prioré, bonne maison, terres, cens et rentes, dismes et champars, offrandes en la cure; laquelle prioré, un religieux lymosin d'estrange abbaye a impetré de lonc temps et ne doit riens à nostre eglise de Saint-Germain que obedience et le vivre d'un compaignon avec lui et lui administre ses necessités et fait ledit prieur tout.

Item, en Berry, un autre prioré, nommé *Bretigny-le-Noir*[2], près de Meung-sur-Eure, en la jurisdiction monseigneur de Berry, en laquelle nous avons envoiet de novel un prieur, à la requeste de monseigneur de Bourbon. Laquelle prioré a esté toute destruite par les guerres, les terres en friche de lonc temps, les rentes non paiées et nous fault audit prieur faire chascune an x livres de pension pour aidier à recouvrer les possessions et revenues dudit prioré, pour faire le divin service audit lieu, afin qu'il reçoyve les rentes et dismes dudit prioré; et tout par l'ordre monseigneur de Berry, liqueulx li a promis à faire des biens grant quantité.

Item, en la ville de *Baily*[3], ha un prioré et y a une maison petite, une granche arse, environ viij^{xx} arpens de terre, baillé par ledit prieur à ferme à v muis et demi de grain; item, viij arpens de prés; item, environ lx sols de menus cens; item, ij muis de grain de rente sur le prieur de *la Celle-en-Brye*[4]; item, les dismes de grain de la paroisse de Baily valent environ v muis de grain, dont il en doit deux et demi au curé; item, la moitié de l'ostelaige de la cure de Baily et le quart sur la cure de *Villeneuve-le-Comte*[5]; item, la disme des aigniaux puet valoir, montant et descendant, environ douze

---

1. Naintré, Vienne, arr. et cant. de Châtellerault.
2. Brétigny, Cher, comm. de Sainte-Thorette, arr. de Bourges, cant. de Mehun-sur-Yèvre.
3. Bailly-Romainvillers, Seine-et-Marne, arr. de Meaux, cant. de Crécy.
4. La Celle-sur-Morin, Seine-et-Marne, arr. et cant. de Coulommiers.
5. Villeneuve-le-Comte, Seine-et-Marne, arr. de Coulommiers, cant. de Rozoy-en-Brie.

ainiaux; item, environ xviij arpens de petit bois pour la despense dudit prieur; item, environ iiij arpens de vignes en friche; desquelles choses dessusdites, il paie decime au pape et doit avoir un compaignon religieux avec lui, et si paie au pitancier de l'eglise pour aniversaire, xx sols.

Item, à *Saint-Germain-les-Couly*[1], un hostel noble appartient au chambrier de ladite eglise; item, ij granches, j coulombier, j four bannier devant la porte, j petit molin; environ ix^{xx} arpens de terre arable et les prés; la disme des terres de la paroisse; tout baillé à ferme par ledit chambrier à xxxij muis de grain; item, les cens et les rentes par an à plusieurs jours valant environ xxiiij livres; item, v arpens de vignes peuvent valoir par an lx sols; item, la disme de vin peut valoir, montant, avalant, v queues de vin qui puent valoir environ x livres; item, les mortemains et formariages, tant dudit Saint-Germain-les-Couly comme de Nogent-l'Artaut et villes voisines, puent valoir, montant et avalant, environ xxxij livres.

Item, j autre hostel, nommé Remainviler[2], appartenant audit chambrier; environ xij^{xx} arpens de terre loués par ledit chambrier, montant et avalant, lx livres.

Item, en la ville de *Pringi*[3], près de Melun, cens et rentes, droitures, xxiiij arpens de terre; tout loué xx livres et pertissens avec le seigneur de Montgermon.

Item, en la ville de *Nogent-l'Artaut*[4], une maison, une granche, devant la porte, justice haulte, moienne et basse sur nos hommes; item, environ c sols de rente sur le four de la ville; item, iiij livres de rente sur j petit molin; item, les dismes et champars des terres qui valent vij muis de grain ou environ; item, les dismes de vin qui puent valoir vj queues de vin; item, cens et rentes à plusieurs jours, qui valent environ ....; item, une granche en hault, nommée la *Granche-aux-Moines*, viij^{xx} arpens de terre, j petit estant, garayne; tout ce soloit estre loué vj^{xx} livres, et à present ledit chambrier religieuc tient tout en sa main; item, environ iiij^c arpens que bois que bruyères; et, quant on les vent, l'en a que iij sols de l'arpent. Et sur ce ledit chambrier doit au chapitre et doyen de Meaux, par an, un muy de froment; xvj livres de decime; item, xvj livres et xvj sols au pitancier de Saint-Germain pour aniversaires. Item, le vestiaire du couvent, c'es assavoir à xliiij religieux, froc et coules, tant que il en puent user; item, à chasque religieux, une pièce d'estamine contenant vj aunes; item, à chascun deux paires de housiaux par an, et

---

1. Saint-Germain-lès-Couilly, Seine-et-Marne, arr. de Crécy-en-Brie.
2. Romainvillers, Seine-et-Marne, comm. de Bailly-Romainvillers.
3. Pringy, Seine-et-Marne, arr. et cant. de Melun.
4. Nogent-l'Artaud, Aisne, arr. de Château-Thierry, cant. de Charly.

unes botes feutrées; item, faire rappeler les housiaux; item, à chascun religieux iij quartiers de blanchet, et, en deux an, à chascun iiij aunes de brunette; item, pos d'estain, escuelles, nappes et essuoirs en refectoir; à la chambre du grant prieur, en la chambre du souprieur et en l'enfermerie, tant comme il leur en fault; item, de l'uyle pour vij lampes ardoirs de nuys en dortouers et ailleurs.

Item, en l'eveschié de Chartres, en la ville de *Dampmartin*[1] emprès *Montchauvet*[2], une maison noble, granche, pressoir, coulombier, toute justice, haulte, moienne et basse, avec la justice de la ville de Lovaignes[3]; item, environ vij^{xx} arpens de terre et iiij arpens de vignes; le four de la ville bannier; environ xxxvj livres de cens à plusieurs jours, les dismes de vin et la praincte des pressoirs et de Montchauvet, qui puent valoir environ xvj queues de vin, qui soloient valoir lx queues, montant et avalant; item, la moitié de deux molins estans à Montchauvet, louée, nostre part, iij muis de blé; tout ce baillé à un religieux appelé le prevost de Dampmartin, à ferme, au pris de c livres, qui soloient valoir ij^c livres à nous abbé dessusdit. Item, en ladite ville de Dampmartin, et de Lovaignes, et Niauflette[4] et une partie de Montchauvet, la Fortelle[5], les dismes d'icelles villes et champars valent environ xl muis de grain, montant et avalant, qui en soloient valoir c muis, et le doyvent rendre, quant il est batu, en nostre maison de Mante et nous querons leurs despens; et est tout de nostre demaine et cause de nostre crosse. Item, grant quantité de bois à faire eschalas, puent valoir par an environ xl frans. Item, en ladite ville de Dampmartin et Lovaignes j paast, qui valent xj livres, qu'ils doivent à la Saint-Andrieu. Item, sur ladite ville de Dampmartin, deux muis de grain deubs au couvent par lesdis habitans. Item, le prevost leur doit iiij livres xvj sols vj deniers; item, il y ont deux arpens de vigne, valant par an xl sols.

Item, en la ville de *Montchauvet* a demouré j prieur, qui a une maison bien ruineuse, iij arpens de vigne peuent valoir lx sols; item, j four bannier qui est fondu; item, environ viij livres de menus cens; item, la moitié des offrandes de la cure; et quant j chief d'ostel trespasse, pour chascun vij sols et vj deniers; item, xx sols de rente sur le prevost de Dampmartin.

Item, en la ville de *Steille*[6], une prioré en laquelle demeure j prieur et y a une maison qui fu destruite par les ennemis; item, il y a

---

1. Dammartin, Seine-et-Oise, arr. de Mantes, cant. de Houdan.
2. Montchauvet, Seine-et-Oise, arr. de Mantes, cant. de Houdan.
3. Longnes, Seine-et-Oise, arr. de Mantes, cant. de Houdan.
4. Neauphlette, Seine-et-Oise, arr. de Mantes, cant. de Bonnières.
5. La Fortelle, Seine-et-Oise, comm. de Longnes.
6. Septeuil, Seine-et-Oise, arr. de Mantes, cant. de Houdan.

lx arpens de terre; item, sur le molin iiij sestiers de grain; item, cens et rentes, par an, environ xx livres; item, la disme des grains de la paroisse puet valoir vj muis de grain, qui soloit valoir xiiij muys; item, la disme de vin de la paroisse et hemiaux nommé *Bonviler*[1], environ v queues de vin valant environ viij livres. Et, sur ce, il doit de décime lx sols, visitacion et procuracion à l'evesque de Chartres et à l'archidiacre de *Pinserès* en l'eglise de Chartres.

Item, en dehors de la ville de *Dreues*[2], une prioré, l'on il n'a que le moustier et gist le prieur dedans, pour ce que sa maison fu arse par les ennemis; item, iij arpens de vigne; item, xxiv arpens de terres arables, louées par an vj sestiers de grain; item, environ xij livres de cens et rentes par an; item, la disme de grain, xvj sestiers de grain; item, la disme de vin, iiij queues de vin puent valoir iiij livres; item, l'ostelaige a sa part, environ c sols. Et doit sur ce xl sols à l'evesque de Chartres, et, pour son decime, xl sols; et n'averoit ledit prieur de quoy vivre se il ne le gaignoit à chanter messes.

Item, le *Pitancier*, à cause du convent, a une maison en l'arceveschié de Roen, appellé *Longuise*[3], en grant ruyne; item, environ xlij arpens de terre; item, environ liiij sols de menus cens; item, les dismes de grains d'icelle paroisse et champars; tout loué à present, montant et avalant, xxiv livres, qui soloit valoir, avant les guerres, c livres parisis au profit du convent et doit decime au pape, qui monte vj livres.

Item, en la ville de *Bouaffle*[4] a une maison toute chevée, oudit archeveschié, jardin bel, un vieil pressoir, iij arpens de vignes en friche, et environ x livres de menus cens, portans ventes et los, vault à present xij livres, qui en soloit valoir xxxij livres, tout au profit dudit convent et basse justice, jusqu'à lx sols.

Item, oudit archeveschié, à *Saint-Ligier-en-Artie*[5], une prioré, l'on il a prieur religieux et un de nos compaignons, une maison toute destruite par les guerres, seant emprès les bois, esquelz nous avons usaige pour edifier et ardoir, sans vendre, à la volonté de nostredit prieur; item, environ xxiiij arpens de terres, les dismes et champars dudit prioré; tout baillé en ferme par ledit prieur à iiij muis et demi, qui soloit valoir xij muis. Et, sur ce, doit ycelui prieur xxxij sols de decime. Item, une autre maison appartenant audit prioré, nommée les *Halles*, près d'une ville appelée *Fours-en-Veque-*

---

1. Bonvilliers, Seine-et-Oise, comm. de Morigny-Champigny, arr. et cant. d'Étampes.
2. Dreux, Eure-et-Loir, ch.-l. d'arr.
3. Longuesse, Seine-et-Oise, arr. de Pontoise, cant. de Mantes.
4. Bouafle, Seine-et-Oise, cant. de Meulan, arr. de Versailles.
5. Saint-Léger, Seine-et-Oise, comm. de Villiers-en-Arthies, cant. de Magny, arr. de Mantes.

cin[1], et xxiiij arpens de terres nommées *Acres;* item, environ xxvj sols de menus cens; tout baillé à ferme à deux muis et demi de grain; item, en dismes et rentes, environ x sestiers; item, pour ce que les maisons sont toutes fendues et destruites, fault que ledit prieur loue maison à Fours-en-Vesquecin ou ès villes voisines pour sa demourance et de ce que dit est doit son decime au pape.

Item, nous, abbé dessus nommé, prenons chascun an sur l'eglise de Citiaux, par composition faite des heritaiges, du consentement du pape et du roy de France, c'est assavoir de la prioré de *Gily*[2], laquelle estoit à ladite eglise de Saint-Germain et en laquelle avoit toute justice haulte, moiene et basse, jusques emprès ladite abbaye de Cisteaux, faite l'an mil CCC, iiij^{xx} mars d'argent, et l'avons obtenu par arrest du Parlement, et la declaration du marc d'argent, iiij livres v sols tournois, valant les iiij^{xx} mars d'argent, iiij^c sols et viij deniers tournois.

S'ensuivent les fiefs tenus de moy abbé, à cause de l'eglise Saint-Germain :

Primo, Messire Pierre de Villi, un fief à *Macy*[3] et environs, cens, rentes, avaines, hostises, qui puet valoir environ xxiiij livres.

Item, Jehan de Bucy, j fief en cens, rentes, prés, saussaies et vignes, en la ville d'*Issy* et environs, qui puet valoir par an xxviij livres.

Item, Jehan de Vaudetal, j autre fief en ladite ville d'Issy, duquel sont tenus xvij arrié-fiefs, qui sont en diverses villes, en cens, rentes, prés, droitures, hostises, puet valoir par an environ xliiij livres.

Item, Rau Doquanz, bourgeois de Paris, j fief en ladite ville, c'est assavoir une maison appellée le chastel de *Villepereux*[4], j pressoir et j coulombier, avec cens, rentes, droitures, qui puet valoir par an x livres.

Item, Jacques Le Riche, en ladite ville, tient deux fiefs, une maison, coulombier et pressoir, cens, rentes, hostises, justice fonciere, qui puet valoir par an vj livres.

Item, à Anthoigny, maistre Oudart de Fontenoy, une granche et une partie de l'ostel, xj arpens de terre, iiij livres de menus cens, ij hostises et iij quarterées de vignes, puent valoir environ x livres.

Item, Symon de Dampmartin, tient en ladite ville, j fief de v arpens de terre, puent valoir par an environ xl sols.

Item, Pierre Le Charron tient en ladite ville j autre fief, cens, et rentes puent valoir vj livres.

---

1. Fours-en-Vexin, Eure, cant. d'Écos, arr. des Andelys.
2. Gilly-lès-Vougeot, Côtes-d'Or, arr. de Beaune, cant. de Nuits.
3. Massy, Seine-et-Oise, arr. de Corbeil, cant. de Longjumeau.
4. Villepreux, Seine-et-Oise, cant. de Marly-le-Roi.

Item, en la ville de Thiés, le doyen d'Olli, à cause de sa femme et enfans, tient un fief, cens, rentes et vignes à praincte, une maison, vinage, une oe (oie) blanche, puest valoir par an x livres.

Item, en la ville de *Villeneuve-Saint-Georges*, maistre Rémon, maistre masson du roy, v arpens de terre, puent valoir par an x livres.

Item, à *Valenton*, Guillaume de Bruges, une maison et jardin, environ xx arpens de terre, qui puent valoir par an c sols.

Item, en ladite ville, Hannequin du Vivier, j fief, qui vault xj sols de menus cens.

Item, Huet Le Roux, j fief de viij arpens de terre, vij sols de menus cens, puet valoir environ xl sols.

Item, en ladite ville de Valenton, Jehan de Besançon, une maison fondue, ij arpens de prés, puent valoir par an environ xxxij sols.

Item, en ladite ville, feu Bernart Blondiau, j autre fief tenant xij arpens de terre, qui puet valoir par an environ lx sols.

Item, en la ville de *Viry*[1], la femme feu sire Pierre d'Unoy et ses enfans, tient j fief de xxxij arpens de terre, la moitié du grand four de la ville, environ viij livres de menus cens, ij arpens de prés, qui puent valoir par an environ xxiiij livres.

Item, en ladite ville, Robert Dadonville, escuier, xxiiij arpens de terre, xvij arpens de bois, qui puent valoir environ viij livres.

Item, au *Bruel*[2], maistre Garnier Guerart tient j fief de viiij arpens de vignes bonnes, qui puent valoir par an iiij livres.

Item, en la ville de *Chastes*[3], sous Mont-le-Hery, Mahier de Varaynes tient un fief, à cause de certains enfans mineurs, iiij livres de menus cens, xxiiij arpens de terre, la tierce partie de la moienne justice de Chastes, qui puent valoir xx livres.

Item, en la ville d'*Avrainville*, messire Jacques de Chaiville tient j fief, c'est assavoir j hostel, j arpent de vignes, cens et rentes, qui puet valoir par an vj livres.

Item, Jehan Le Thiés, escuier, tient, en ladite ville, j fief, c'est assavoir xviij arpens de terre, cens et rentes, qui puest valoir par an x livres.

Item, à *Samoisiau*, Pierre de Pois tient j fief, c'est assavoir xxxij arpens de terre, une maison, vj^{xx} arpens de boys, cens et rentes, puent valoir xxxij livres.

Item, à *Saint-Germain-sous-Monstereau*, Jehan Descos, escuier, j fief de xxiiij sols de menus cens, ij arpens de terre, puent valoir c sols.

---

1. Viry-Châtillon, Seine-et-Oise, cant. de Longjumeau.
2. Le Breuil, Seine-et-Oise, comm. d'Épinay-sur-Orge.
3. Chastes, ch.-l. de cant., Arpajon, Seine-et-Oise, arr. de Corbeil.

Item, à *Bainiaux-lés-Villeneuve-l'Arcevesque*, messire l'abbé de Saint-Jehan de Sens tient j fief, cens, rentes, dismes qui puent valoir par an par an environ x livres.

Item, à *Nogent-l'Artaut*, j fief que tient Jehan Lombart, cens, rentes et iij arpens de bonnes vignes, qui puent valoir viij livres.

Item, à *Saint-Germain-lès-Couly*, Jehan Landry tient j fief, qui puet valoir c sols.

Item, en ladite ville, messire Hemon de Moy, chevalier, j maison, joignant de nostre porte, xxxvj arpens de bonne terre, iij arpens de prés, puent valoir xxvj livres.

Item, Le Breton de la Bretonnière, à cause de sondit lieu de *la Bretonnière*[1], tient x arrière-fiefs, que plusieurs personnes tiennent de luy.

Item, à *la Celle*, Jehan Le Bordeur tient j fief, une maison et iij arpens de vignes, puent valoir xl sols.

Item, en Gascongne, avons un fief appellé *Joasat*[2], lequel une dame tient, dont nous ne savons le nom ni valeur; mais quant il y a homme nouvel, il nous doit j cuir de serf tanné et xiij coutiaux à Janot et est en souffrance de nous.

Toutes lesquelles denominacions dessusdites, nous baillons par amendement; car, si plus y avoit et y venoit à nostre congnoissance, volontiers l'i denommerions et baillerions. En tesmoing de ce, nous abbé et convent dessus nommés, avons scellé ce present denommement par les parties dessusdites de nos seeaulx; qui fu fait l'an de grace mil CCC quatre-vins-quatre, le...

---

1. La Bretonnerie, Seine-et-Oise, comm. de Saint-Germain-lès-Arpajon (?).
2. Jonzac, Charente-Inférieure, ch.-l. d'arr.

Printed by Libri Plureos GmbH in Hamburg,
Germany